自転車を取り巻く最近の動き

◎ 自転車ニーズの高ま○

　新型コロナウイルス感染症の流行以降は、通勤時の接触防止などの面から、公共交通機関の利用を避けて自転車通勤を始める人が多く、在宅勤務の増加を背景に料理のデリバリーサービスの注文が増えるなどして、自転車利用のニーズがより高まっています。

◎ 自転車事故の発生状況

　自転車が関連する交通事故の発生状況をみると、自転車関連事故件数は全体としては年々減少傾向にあるものの、「自転車対歩行者」の事故件数は横ばいで推移しています。

　また、近年は自転車によるデリバリーサービスなどの配達車両が増加し、配達を急ぐあまりに渋滞車両の列を横切ったり、いわゆる"ながら運転"などの危険運転を行ってしまうケースもみられます。仕事や通勤などで自転車利用者が増えるなか、運転時のマナーや安全への意識を高める必要があります。

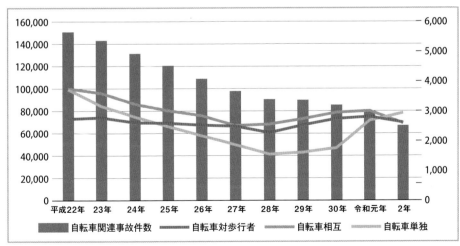

自転車関連事故件数及び「自転車対歩行者」「自転車相互」「自転車単独」事故件数の推移
（出典：警察庁「自転車関連交通事故の状況」をもとに作成）
※自転車が第1当事者、第2当事者となった事故を計上。ただし、自転車相互の事故は1件として計上。

自転車運転のメリット

　自転車利用のニーズが高まりを示していますが、自転車を運転することには、心身へのさまざまなメリットがあります。

① 健康増進

　自転車の運転は、内臓脂肪の減少に効果的な運動となるとともに、脚部の筋肉を使うため、体力・筋力の維持・増進に役立ちます。また、血糖値やコレステロール値を下げる効果が期待される運動でもあり、生活習慣病の予防効果も期待されます。

② メンタルヘルス

　自転車の運転は、適度な運動となるだけでなく、周囲の景色を眺めながら走行することなどでリラックスでき、気分転換やストレス解消につながります。

③ 移動時間の削減

　自転車通勤は渋滞に関係なく、電車やバスの待ち時間も必要ないことから、約500mから5kmまでの距離の移動においては、ほかの公共交通機関よりも移動にかかる所要時間が短くなることが期待できます。

自転車の安全運転

◎ 出発前の点検・整備

　自宅や会社から出発する前には、下表の箇所の点検を行いましょう。

　もし、不具合や異常を発見した場合には、整備や修理が必要です。自宅や会社では対応が難しいものは、自転車販売店等に依頼しましょう。

主な点検箇所は、「ぶたはしゃべる」でチェック！

ぶ	ブレーキ	前後輪ともにブレーキがよく利いているか
た	タイヤ	適度な空気圧があるか／すり減っていないか
は	反射板	割れていないか／汚れていないか
しゃ	車体：サドル	高さは適当か／しっかり固定されているか
	車体：チェーン	緩すぎないか
	車体：ペダル	曲がっていないか／足が滑らないか
	車体：ハンドル	前輪と直角にしっかり固定されているか
	車体：ライト	明るいか（前方10mが見える明るさが必要）
	車体：スタンド	しっかり立つか
べる	ベル	よく鳴るか

◎ 自転車運転時の安全用具

●自転車用ヘルメット

　自転車運転中の事故による死亡者の致命傷となった部位をみると、頭部によるけがが多く、これを防ぐためにはヘルメットの着用が有効です。ヘルメット着用時の致死率は、非着用時の約3分の1に低減されます。

●反射材・ライト

　夕方や夜間は、自動車の運転手などに自分の存在を伝えることが大切で、反射材やLEDライト等が有効です。自転車本体だけでなく、服やカバン等にも付けると、より効果的です。

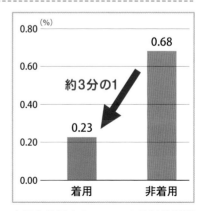

自転車乗用中のヘルメット着用状況別の致死率　（令和2年）
出典：警察庁ホームページ公表資料を参考に作成

自転車の正しい乗り方

自転車を運転するときは、次のような運転姿勢を基本としましょう。

■ サドルの高さは、自転車にまたがったとき、両足の先が地面につき、かかとが少し浮く程度に
■ ブレーキレバーは、親指以外の4本の指で、無理なく握れるように
■ ペダルには、足の指と土踏まずとの間の部分を乗せ、前方に踏み込むように回転させる

コラム ## 電動アシスト自転車の安全な乗り方

■ アシスト機能のスイッチを入れるときや停止時は、両足を地面につける
■ 「立ちこぎ」など、片側に力のかかる乗り方はしない
■ 車体が重いため、ブレーキをかけてから止まるまでの距離を確認しておく

⚠ **電動アシスト自転車の注意点**：電動アシスト自転車は、アシスト機能が有効な状態でこぎ出すと、急発進してしまうことがあります。

自転車の交通ルール：自転車安全利用五則

自転車関連事故の死亡者の約8割に交通違反があったとされています。自転車を運転する際には、基本的な安全運転ルール「自転車安全利用五則」を（2007年7月警察庁交通対策本部決定）守りましょう。

歩道

車道

❶ 自転車は車道が原則 （歩道は例外）

道路交通法上、自転車は軽車両と位置付けられ、車道と歩道の区別がある道路では、車道通行が原則になります。

なお、次の場合は例外として、歩道の通行が可能です（普通自転車※にかぎる）。

(1) 歩道に、「自転車及び歩行者専用」の標識等があるとき
(2) 13歳未満の子どもや70歳以上の高齢者、身体の不自由な人が自転車を運転しているとき
(3) 道路の状況によって、自転車の通行の安全を確保するためにやむを得ない場合（道路工事や連続した駐車車両など）

※普通自転車……ペダルなどを用いて人力で走行する二輪以上の自転車のうち、規定の大きさ、構造に当てはまるもの。

❷車道は左側を通行

　自転車が車道を通行するときは、自動車と同じ左側通行です。

> **車道通行、ここに注意！**
>
> 　自転車は左側走行が原則ですが、道路の左側をふさぐ車やモノを避けるため、車線の中央寄りを走行するときは、しっかり後方を確認しましょう。

路側帯

❸歩道は歩行者優先で車道寄りを徐行

　例外的に歩道を通行する場合は、歩行者を優先し、車道寄りの部分をすぐ停止できるように徐行しなければなりません。

　歩行者の通行を妨げるような場合は、自転車が一時停止をしなければなりません。

> **歩道通行、ここに注意！**
>
> 　自転車が歩道を通行する際は、自転車同士の対面通行が可能ですが、歩行者やすれ違う自転車に危険を感じる場合は、自転車を降りて、押して歩きましょう。

❹子どもはヘルメットを着用

　幼児・児童を保護する責任のある人は、幼児を幼児用座席に乗せるときや13歳未満の幼児・児童が自転車を運転するときに、乗車用ヘルメットをかぶらせます。

　前述のとおり、ヘルメットは事故の際に頭部を守り、被害を軽減する重要な保護具です。大人も率先して着用しましょう。

❺ 安全ルールを守る

　自転車を運転していて人を死傷させた場合は、過失致死傷罪（刑法第209条、第210条）、また、非常に危険な運転で人を死傷させた場合には、重過失致死傷罪（刑法第211条）となります。

　人を死傷させずとも刑罰が科せられる道路交通法違反もあります。飲酒運転や二人乗り、並走をはじめ、次のような危険運転は絶対にやめましょう。

危険運転の例

× 飲酒運転	× 二人乗り運転	× 2台での並走
× スマートフォンで話したり、操作しながらの運転	× 傘を差しながらなどの片手運転	× 交差点での一時不停止
× 右側走行	× 信号無視	× 夜間の無灯火

飲酒運転

並走

スマートフォンを
操作しながらの運転

⚠ ながら運転

　自転車運転中に、スマートフォンの画面を見たり、操作する「ながら運転」は、ハンドル操作が不安定になったり、自動車や歩行者などの周囲の状況への注意がおろそかになり、重大な交通事故につながります。歩行者との事故となれば、死亡事故を起こしてしまうケースもあります。

コラム ## 配達サービス業務の安全

　新型コロナウイルス感染症の拡大防止のために、外出の自粛など新しい生活様式が広がるなか、飲食店等からのデリバリーサービスの需要が高まる一方で、デリバリーサービス勤務中の一部配達員による交通ルール違反やマナー違反が頻発しています。

主な事故例

- ■ 交差点での出合い頭の衝突（一時不停止）
- ■ 信号無視による無理な交差点直進中に対向の右折車と衝突
- ■ スマホ使用のながら運転による操作の誤り
- ■ 道路でのスリップ（夜間や雨天時）や急ブレーキによる転倒

コラム ## 妨害運転

　近年、悪質な妨害運転（あおり運転）が頻発したことから、妨害運転に対する罰則が道路交通法で設けられました。これにより、自転車による妨害運転の規定が適用され、逮捕に至った事例もあります。

主な危険行為

・信号無視	・安全運転義務違反
・歩道通行時の通行方法違反	・歩行者用道路における車両の義務違反（徐行違反）
・遮断踏切立入り	・制動装置（ブレーキ）不良自転車運転
・酒酔い運転	・妨害運転（交通の危険のおそれ・著しい交通の危険）

など

妨害運転とされる7行為

- ・逆走して進路をふさぐ
- ・ベルをしつこく鳴らす
- ・幅寄せ、蛇行運転
- ・車間距離の不保持
- ・進路変更禁止違反
- ・追い越し違反
- ・不必要な急ブレーキ

チリン
チリン
チリン

　危険行為を繰り返した者は、公安委員会から講習（講習手数料6,000円）の受講が命ぜられます。受講命令に従わない場合、5万円以下の罰金が科せられることがあります。

状況に応じた安全運転のポイント

　自転車安全利用五則のほかにも、自転車を運転する状況によっても、注意すべき点があります。

　それぞれの状況において、適切な運転を心掛けましょう。

住宅街

● 道幅が狭く、見通しの悪い住宅街では、スピードを落として通行する。

● 一時停止の標識（「止まれ」マーク）がある場合や、信号のない、見通しの悪い交差点では一時停止し、左右を見て安全確認する。

● 車道と歩道の区別のない道路では、道路の左側を走行する。

● 停車中の自動車を避ける際には、徐行しながら後方確認したうえで、停車車両の右側を通る。自動車のドアが急に開かないか、歩行者の飛出しにも注意し、備える。

商店街や人ごみ

● 商店街や人ごみを自転車で通行する際には、歩行者とぶつからないように、状況を見て徐行か、自転車を降りて押して歩く。

交差点

〈 信号機のある交差点では 〉

● 交差点では、左折車や対向車線の
右折車、そして、その陰からのバ
イクの飛び出しに注意する。

● 車道を直進するときに並走して左
折しようとする自動車があれば、
一時停止し、自動車の内輪差に注
意しながら、先に自動車を見送っ
てから直進する。

● 交差点を右折するときは、まず交差点を直進したうえで右に向きを変え、前
方の信号が青に変わってから再度直進する、「二段階右折」で渡る。

〈 信号機のない交差点では 〉

● 信号機のない交差点では、安全を確認したうえで、徐行する。

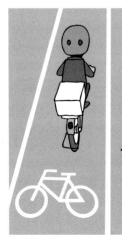

横断歩道

● 歩行者が通行しているときは、徐行
または押し歩きで通行する。

● 自転車横断帯がある場合は、横断
帯を通行する。

● 信号機のない横断歩道では、一時
停止し、左右を確認をする。

11

交通事故時の対応

自転車を運転していて歩行者とぶつかってしまった場合、けが人の救護と警察への連絡を行います。落ち着いて行動しましょう。

❶ けが人の救護

けが人の様子を確認し、119番に通報し、救急車を呼ぶ。出血などのけがをしていたら、応急手当を行う。

❷ 安全の確保

歩道などの安全な場所にけが人や自転車を移動させ、二次災害を防ぐ。

❸ 警察への連絡

110番に通報し、警察に連絡。事故の概要を伝える。

❹ 相手の連絡先の確認

事故の相手が軽症で確認ができる場合は、相手の名前、住所などの連絡先を確認し、簡単な事故状況のメモをつくる。

❺ 事故の状況を会社や（本人または会社が契約している）保険会社に連絡

報告すべき事項
警察や会社に報告をする際には、次の点を押さえて報告しましょう。
（1）いつ
（2）どこで
（3）だれが（被災者と加害者〈自分〉）
（4）事故の概要
（5）どうした （物損やけがの程度、周囲への影響）
（6）〈会社への報告の場合〉 今後の対応（病院搬送や警察への連絡などを報告し、その後の対応などの指示をもらう）

救護を行わないと……

けが人の救護は義務です。①、②、③の対応を行わずにその場から立ち去ると、ひき逃げ事件として扱われ、厳しく罰せられます。

けが人の救護を行わなかった場合：1年以下の懲役または10万円以下の罰金
警察への連絡を行わなかった場合：3カ月以下の懲役または5万円以下の罰金

主な応急手当　けがの様子を確認して、救急要請を行うとともに、次のような応急手当を行いましょう。

● 出血していたら

〈止血：直接圧迫法〉

　出血部にきれいなハンカチやガーゼなどを当て、止血するまで圧迫する。

　救護者は、使い捨て手袋やビニル袋等を使用して、自身の感染予防も行う。

● 骨折していたら

　骨折部の上下関節が動かないよう、副子（添木）で固定する。副子は段ボール、傘、板切れ、雑誌などでも代用可能。

　骨が皮膚から飛び出すなどしていても、折れた骨を元に戻そうとしたり、洗浄しようとはせずに、そのままの状態で固定する。

　皮膚の損傷がひどいときは、傷と出血の手当てを行う。

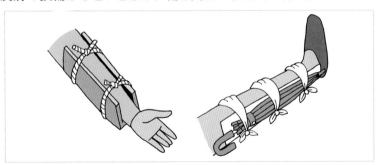

● 頭や胸を打っていたら（打撲）

〈頭部〉頭部を打って、意識低下、吐き気・嘔吐、耳や鼻からの出血、手足の麻痺などの症状がある場合は、重傷と判断してすぐに救急要請する。

〈胸部〉上半身を45度くらい起こして寝かせ、楽な姿勢をとらせて安静にする。安静にしても、呼吸や咳のたびに胸痛を訴える場合は肋骨骨折が、胸痛、血痰、呼吸困難が続く場合は、肺や心臓の損傷が疑われるため、すぐに救急要請する。

自転車保険への加入

自転車事故を起こすと、さまざまな責任を問われる可能性があります。

- **民事上の責任**：対人・対物の損害賠償など
- **刑事上の責任**：懲役、禁錮、罰金など
- **行政上の責任**：自動車運転免許の停止など（運転免許所持の場合）

　事故によっては数千万円という高額な損害賠償が請求されるケースもあるため、自転車保険へ加入しておくことが望ましいでしょう。自転車保険加入の義務または努力義務化を進める自治体も増えています。

　自転車通勤や休憩時間中などの日常生活中に発生した自転車事故は、個人契約の自転車保険によって補償されます。主に、他人のけがや物を壊した責任を賠償する個人賠償責任保険と、自身のけがに対して支払われる傷害保険があります。

対　象 保険の種類	事故の相手		自分
	生命・からだ	財産（モノ）	生命・からだ
個人賠償責任保険	○	○	×
傷害保険	×	×	○

　配達や外回りなどの業務中に起こした自転車事故は、個人が加入する自転車保険では補償されず、その使用者に責任が問われることがあります。これを「使用者責任」※といい、従業員（運転者）とともに使用者が対人・対物の損害を賠償することになるため、会社は施設賠償責任保険等の法人向け自転車保険に加入する必要があります。

※①従業員に責任があり、②会社との使用関係があり、③業務中の事故と認められた場合。

TSマーク付帯保険

　身近な自転車保険として、ＴＳマーク付帯保険があります。自転車安全整備店で自転車安全整備士が点検確認を行い、基準に合格した普通自転車に貼付されるＴＳマークには、整備を受けた日から１年間有効の付帯保険（賠償責任保険（最大１億円）と傷害保険）が付いています。

労災保険の適用

　労働災害には、業務が原因・理由となる業務災害と、通勤が原因・理由となる通勤災害の2つがあります。これらの理由で従業員が負傷、疾病、障害または死亡した場合、労働災害と認定され、労災保険で従業員の医療費や得られるはずの賃金などの補償を受けることができます。

【原因・理由】　　　【災害分類】

仕事によるもの　→　業務災害

通勤によるもの　→　通勤災害

労災保険

デリバリーサービスと労災保険

**令和3年9月1日から自転車を使用して貨物運送事業を行う者も
労災保険の特別加入制度の対象となりました。**

　デリバリーサービスの配達員は個人事業主として働くケースが主ですが、この特別加入制度は、企業と労働契約を結んだ労働者以外でも、一定の要件を満たす場合に労災保険に任意加入ができ、医療費や賃金の補償を受けられる制度です。

　自転車を運転する作業、貨物の積み下ろし作業とこれに直接附帯する行為で被災した場合は業務災害として認定されます。

　特別加入制度を利用するにあたっては、自転車を使用して貨物運送事業を行う本人から既に貨物運送事業の特別加入団体として承認された団体を通じて、または、新規に貨物運送事業の特別加入団体を設立するかの方法で、加入申請書などを労働局に提出します。

● 制度や給付内容等の詳細については、
　厚生労働省労災保険相談ダイヤル（0570-006031）へお問い合わせください。

危険を予知して安全運転

　業務で自転車を運転するうえで、事前にルート上の危険を想定し、準備しておくことが安全運転には有効です。また、ルートにない道路を走行する際にも、「かもしれない運転」を心掛け、事故が起こらないように備えましょう。

安全交通マップの活用

　あらかじめ、その日走行するルート等を安全交通マップとしてまとめ、ルート上の危険箇所や自分の運転行動を事前にしっかりと確認しておきましょう。

　安全交通マップには、次の要素を書き加えます。また、通勤ルートや配送エリアなど、状況に合わせて使い分けたり、実際に運転した際に気づいた点を書き加えることで、より良いマップとなります。

❶ 経路、所要時間、距離を記入する。

❷ 通勤経路・移動経路を記入する。歩道や横断歩道なども書き加え、必要であれば、建物や地図記号なども記入する。

❸ 危険や不安を感じた箇所に！印や×印を付け、具体的な内容を記入する。

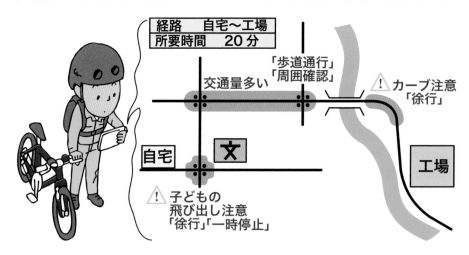

かもしれない運転

　走行中は、常に「〜の危険があるかもしれない」と、危険要素を意識しながら運転しましょう。

　運転中には、右のような危険があるかもしれないと、自問自答をしながら、注意しましょう。

❶ ぶつかるかも／ぶつけられるかも
❷ 接触するかも／接触されるかも
❸ 巻き込むかも／巻き込まれるかも
❹ 追突するかも／追突されるかも
❺ その他の危険はないか
　（水たまり、段差はないか）

自転車走行交通KYTシート

次の危険予知訓練（KYT）イラストシートを見て、自転車走行時にどんな事故が起きそうか、その危険要因と現象（事故の型）と対策を考えてみましょう。

イラストシート❶

> あなたは車道の左側を走行しています。

イラストシート❷

> あなたは信号機のある交差点を右折しようとしています。

予想される危険な状況と対策の例は、次頁にあります。参考にしてください。

予想される危険な状況と対策

イラストシート ❶

❶ 駐車車両に接触しないよう、その車両を見ながら走行していて、駐車車両の陰から飛び出してきた子どもと接触する。

❷ 車道前方に駐車している自動車を避けようと歩道を通行して、反対側から歩道を通行してきた自転車と接触する。

❸ 前方に駐車している自動車を避けようと、右車線にはみ出して、後ろから走行してきた自動車に追突される。

〈対策〉道路や交通の状況によりやむを得ない場合は、歩道を走行することができますが、歩行者等がいる場合は徐行か自転車から降りて押して歩きます。駐車車両を避けながら、車道を走行する場合は、周囲の状況をよく確認しながら走行しましょう。

イラストシート ❷

❶ 反対車線のトラックが右折をせずに停まっていたため、二段階右折をせずに交差点に進入し右折しようとして、トラックの陰から走行してきた二輪車と衝突する。

❷ 右隣りの自動車が待っていてくれると思い、直進して、左折してきた自動車の内輪差に巻き込まれる。

❸ 後方の自動車の動きを見ながら横断歩道を通行しようとして、反対側から歩いてきた歩行者と接触する。

〈対策〉交差点および横断歩道は、人や車が集まり、危険が潜む場所です。右折の際の二段階右折はもちろん、周囲の自動車や歩行者の動きをよく見ながら、徐行するなど、スピードを抑えて走行しましょう。

参考：自転車に関係のある標識・標示

自転車専用

自転車のみ通行できる専用道路。

**自転車及び
歩行者専用**

自転車と歩行者が通行できる専用道路。

歩行者専用

歩行者が通行できる専用道路。

自転車横断帯

自転車に乗ったまま横断帯を通って道路を横断することができる。

**横断歩道・自転車
横断帯**

横断歩道と自転車横断帯が近接した場所に設置されていることを示す。

並進可

2台までの自転車が並んで通行できる。

**普通自転車専用
通行帯**

自転車専用の道路であり、自転車は自転車専用道路を走らなくてはならない。

一方通行

車両は指示された方向にのみ進む。

自転車一方通行

自転車は指示された方向にのみ進む。

自転車通行止め

自転車は通行できない。

通行止め

歩行者、車両、路面電車のすべてが通行できない。

車両通行止め

自動車や自転車などは通行できない。

車両進入禁止

車両はこの標識がある方向からは進入できない。

一時停止

自転車も含めて、車両、路面電車は、一度停止しなければならない。

徐行

すぐに止まることのできる速さで走行する。

事故を起こさない！ 自転車通勤・業務の 安全運転

2021年10月22日　第1版第1刷発行

編　者：中央労働災害防止協会

協　力：山口 文知（一般財団法人日本自転車普及協会）

発行者：平山 剛

発行所：中央労働災害防止協会
　　　　〒108-0023　東京都港区芝浦3-17-12　吾妻ビル9階
　　　　販売／TEL：03-3452-6401
　　　　編集／TEL：03-3452-6209
　　　　ホームページ　https://www.jisha.or.jp/

印刷・製本：新日本印刷株式会社

イラスト：田中 斉／川野 光弘

デザイン：新島 浩幸